Diethard Lübke

Groß- und Kleinschreibung Lernen und Üben

Ein Lernprogramm

VERLAG MORITZ DIESTERWEG

Frankfurt am Main

ISBN 3-425-01275-4

© 1983 Verlag Moritz Diesterweg GmbH & Co., Frankfurt am Main.

Bildnachweis: S. 23 Historia, Hamburg

Gesamtherstellung: Oscar Brandstetter Druckerei GmbH & Co. KG, Wiesbaden

Vorwort

Die meisten europäischen Sprachen verwenden die Großschreibung bei Satzanfängen und Namen:

Ich bin Peter. – I'm Peter. – Je suis Pierre.

Sono Pietro. – Soy Pedro. – Я Пётr.

Eine Besonderheit der deutschen Rechtschreibung ist, daß seit dem 16. Jahrhundert auch alle Hauptwörter (= Nomen) groß geschrieben werden. Das gibt jedem deutschen Text sein typisches Schriftbild. Ein Text, der nur mit kleinen oder nur mit großen Buchstaben geschrieben wurde, ist uns ungewohnt und liest sich schwer.

katastrophale folgen hatte das herbstliche nebelwetter auf den norddeutschen autobahnen.

MIT ABSCHRECKENDEN STRAFEN SOLL EIN WEITERES ANSTEIGEN DER RAUSCHGIFTKRIMINALITÄT VERHINDERT WERDEN.

Beide Sätze lesen sich leichter, wenn die Groß- und Kleinschreibung verwendet wird:

Katastrophale Folgen hatte das herbstliche Nebelwetter auf den norddeutschen Autobahnen.

Mit abschreckenden Strafen soll ein weiteres Ansteigen der Rauschgiftkriminalität verhindert werden.

Es kommt sogar vor, daß sich der Sinn eines Satzes durch die Groß- beziehungsweise Kleinschreibung verändert:

die alten sagen.
= Die alten Sagen.
Die Alten sagen.

sie kamen in das gebiet, wo die wilden leoparden jagen.
= Sie kamen in das Gebiet, wo die wilden Leoparden jagen.
Sie kamen in das Gebiet, wo die Wilden Leoparden jagen.

sein leben war nur treue und selbstlose pflichterfüllung.
= Sein Leben war nur treue und selbstlose Pflichterfüllung.
Sein Leben war nur Treue und selbstlose Pflichterfüllung.[1]

Wer Wert darauf legt, daß alles, was er schreibt (Briefe, Aufsätze, Mitteilungen usw.), schnell und richtig verstanden wird, muß sorgfältig auf die Groß- und Kleinschreibung achten.

Die vier wichtigsten Regeln (Seite 4) klären über 95% aller Fälle von Groß- und Kleinschreibung. Vier weitere Regeln sind auf Seite 26 angegeben.

„Durch Üben wird man Meister" – auch in der Groß- und Kleinschreibung! Daher enthält dieses Heft einen umfangreichen und vielseitigen Übungsteil.

---

[1] Die Beispiele stammen aus Digeser, Andreas: Lese-Erschwernis oder neue Syntax? In: Groß- oder Kleinschreibung? Göttingen 1974, Seite 96–129.

Groß schreibt man . . .

Satzanfänge Regel 1

Wer zuletzt lacht, lacht am besten.
Es gibt noch viel zu tun.

Namen, Hauptwörter/Nomen Regel 2

Mit Peter spielen.
Eine interessante Sendung im Fernsehen.
Mit dem Auto nach Frankfurt fahren.

Eigenschaftswörter und Zahlwörter, die zu einem
Namen gehören, schreibt man auch groß.
Das Schwarze Meer, die Vereinigten Staaten,
die Sieben Schwaben.

Eigenschaftswörter/Adjektive

. . ., denen die Wörter ,,allerlei, alles, etwas, genug, Regel 3.1
viel, wenig, nichts" vorausgehen.

Alles Gute wünschen.
Das ist nichts Besonderes.

. . ., die von erdkundlichen Namen abgeleitet sind Regel 3.2
und auf -er enden.

Der Kölner Dom, das Münchener Hofbräuhaus,
die Berliner Straße, das Brandenburger Tor.

die höfliche Anrede: Sie, Ihnen, Ihr. Regel 4

Wir danken Ihnen für Ihre Zusage und hoffen,
daß Sie sich bei uns in den Ferien wohlfühlen werden.

In Briefen schreibt man auch groß:
Du, Dir, Dich, Dein, Euch, Euer.
Ich wünsche Dir und Deiner Familie alles Gute.

Ergänzungen zur Regel 2

2.1 Groß schreibt man auch alle anderen Wörter, wenn sie als Hauptwörter/Nomen gebraucht werden.

Der alte Mann.	*Er ist immer der Alte.*
Ein richtiges Fest.	*Immer das Richtige tun.*
Die grüne Farbe.	*Bei Grün über die Straße gehen.*
Einen Brief schreiben.	*Das Schreiben lernen.*
Das Spiel ist aus.	*Der Ball ging ins Aus.*
Ich kenne seinen Vater.	*Jedem das Seine.*

2.2 Klein schreibt man jedoch Hauptwörter/Nomen, wenn sie als a) Umstandswort/Adverb, b) Verhältniswort/Präposition oder c) Zahlwort gebraucht werden.

Aller Anfang ist schwer.	a) *Es gab anfangs Schwierigkeiten.*
In der Mitte stehen.	*Sich mitten im Wald verirren.*
Am frühen Morgen losfahren.	*Er geht morgens zur Schule.*
Der gestrige Abend.	*Gestern abend. Sonntag abend.*
Dank sagen.	b) *... dank seiner Hilfe.*
Keinen Bissen essen.	c) *Ein bißchen (= etwas).*
Ein Paar Schuhe.	*Ein paar Worte sagen (= einige).*

..., wenn sie verblaßt sind. („Verblaßte Hauptwörter" werden nicht mehr als Hauptwörter empfunden.)

Es ist meine Schuld.	*Ich bin schuld. Ich habe schuld.*
Ich habe Angst.	*Mir ist angst und bange.*
Jemandem ein Leid zufügen.	*Es tut mir leid.*
Das ist sein Schaden.	*Es ist schade.*
Ich verlange mein Recht.	*Ich bekomme recht. Er hat recht.*

2.3 Trotz des Geschlechts (Genus) sind die folgenden Wörter keine Hauptwörter/Nomen:

im allgemeinen (= gewöhnlich)	*alles mögliche versuchen (= vieles)*
aufs äußerste (= sehr)	*aufs neue (= nochmal)*
im besonderen (= besonders)	*von neuem (= wiederum)*
am besten (= sehr gut)	*des öfteren (= oft)*
um ein beträchtliches (= sehr)	*es ist das richtige (= richtig)*
im folgenden (= weiter unten)	*im stillen (= heimlich)*
im ganzen (= allgemein)	*von weitem (= frühzeitig)*
im großen und ganzen (= meistens)	*bis auf weiteres (= einstweilen)*
etwas im guten sagen (= freundlich)	*ohne weiteres (= leicht)*
im klaren sein (= klar)	*ein wenig (= etwas)*
bis ins kleinste (= genauestens)	*im wesentlichen (= besonders)*
auf dem laufenden sein (= informiert)	*im voraus (= vorher)*

Zahlwörter:

Der erste, die ersten drei, der erste beste, der letzte, das letzte, der eine, der einzige, kein einziger, der einzelne, ein einzelner, jeder einzelne, im einzelnen, die beiden, wir beide, alle beide, der andere, jeder andere, niemand anderes, etwas anderes, nichts anderes, alles andere, die meisten, das meiste, am meisten, das alles, dieses alles, vor allem.

Prüfe, ob ein Wort ein Hauptwort/Nomen ist:
Jedes Hauptwort hat nicht nur ein Geschlecht (der, die, das), sondern kann auch durch ein Eigenschaftswort/Adjektiv ergänzt werden:

Der freundliche Alte. Das richtige Schreiben. Ein neues Paar Schuhe.

Die Regeln für die Groß- und Kleinschreibung werden in aller Ausführlichkeit im ,,Duden 1" (20. Auflage 1991) angegeben:

Regel 1:	R 78	Regel 2.3:	R 65–66
Regel 2:	R 60, R 74–76	Regel 3.1:	R 65
Regel 2.1:	R 65–68	Regel 3.2:	R 76
Regel 2.2:	R 61–64	Regel 4:	R 71–72

Arbeitsanleitung zu den Übungen

Alle Übungen sollen schriftlich gemacht werden.

Wem dieses Heft nicht gehört, der sollte die Wörter, die groß oder klein zu schreiben oder zu unterstreichen sind, mit Zeilenangabe ins Heft schreiben.

Erst nach der Beendigung einer Übung sollte man den Lösungsbogen zur Hand nehmen und prüfen, ob alles richtig gemacht worden ist.

Der Lösungsbogen befindet sich am Schluß dieses Heftes.

Wer den Lösungsbogen schon vorher benutzt, lernt weniger bei den Übungen!

Übung 1

Schreib die Wörter mit großem Anfangsbuchstaben in die Liste.
(Beachte dabei die Regeln 1 und 2.)

1 Die Löwin Elsa muß aus der Mietwohnung der französischen Familie Moro
2 in Paris ausziehen und in einen Zoo übersiedeln. Das entschied am Freitag
3 ein Richter auf Antrag des Vermieters. Die Moros hatten die jetzt 90 Kilo
4 schwere Raubkatze im Dezember gekauft. Die lebte frei in der Wohnung –
5 mit sechs Kindern, zwei Hunden, sieben Katzen und einer Eule.

Wörter mit großem Anfangsbuchstaben:

Am Satzanfang:	Namen:	Hauptwörter/Nomen:

Übung 2

Unterstreiche in den beiden Texten die Eigenschaften des ,,idealen Chefs''.

1 Vertrauensvoll, menschlich und
2 gerecht soll der Chef sein, wie ihn
3 sich die meisten Sekretärinnen
4 wünschen. Das ergab eine Umfrage

Vertrauen, Menschlichkeit und Gerechtigkeit sind die Eigenschaften, die sich Sekretärinnen von ihrem Chef am meisten wünschen.

5 bei 1500 Sekretärinnen über den
6 „idealen Chef". Der liebenswürdi-
7 ge, großzügige und rücksichtsvol-
8 le Chef ist dagegen – so die Umfra-
9 ge – kaum gefragt. Wenn er hu-
10 morlos oder unhöflich ist, darüber
11 sehen Sekretärinnen im Zweifels-
12 fall hinweg. Im einzelnen: 66,4
13 Prozent der Sekretärinnen wün-
14 schen sich einen vertrauensvollen
15 Chef, 55,3 Prozent einen menschli-
16 chen, 43,5 Prozent einen gerechten
17 und nur 11,1 Prozent einen humor-
18 vollen Chef.

Das ergab eine Umfrage bei 1500 Sekretärinnen über den „idealen Chef". Liebenswürdigkeit, Großzügigkeit und Rücksicht sind dagegen – so die Umfrage – kaum gefragt. Auch über Humorlosigkeit und Unhöflichkeit sehen Sekretärinnen im Zweifelsfall hinweg. Im einzelnen: Vertrauen wünschen sich 66,4 Prozent der Sekretärinnen. Menschlichkeit nannten 55,3 Prozent, Gerechtigkeit 43,5 Prozent. Erst an achter Stelle rangierte Humor (11,1 Prozent).

Schreib die Eigenschaften eines „idealen Chefs" in die folgende Liste.

Eigenschaftswörter/Adjektive: (klein geschrieben)	Hauptwörter/Nomen: (groß geschrieben)

Übung 3

In der folgenden Zeitungsmeldung werden zweimal Eigenschaftswörter groß geschrieben, weil sie zu Namen gehören.
Unterstreiche sie. (Beachte den Zusatz zur Regel 2.)

Mit 71 Jahren Doktor

1   Das hat es in der Geschichte der Technischen Universität Braunschweig

2   noch nicht gegeben: Im Fachbereich für Philosophie und Sozialwissen-

3   schaften promovierte eine 71jährige Oberstudienrätin zum Doktor der

4   Philosophie. Die frischgebackene Doktorin schrieb ihre Arbeit im Fach

5   Neuere Geschichte. Das Thema lautete: „Die öffentliche Gesundheitspflege

6   im Rahmen des staatlichen Medizinalwesens in den Städten Braunschweig

7   und Wolfenbüttel während des 19. Jahrhunderts".

Übung 4

Untersuche, ob die Eigenschafts- und Zahlwörter zu einem Namen gehören.
Ergänze dann die fehlenden Buchstaben. (Beachte den Zusatz zur Regel 2.)

Ergänze S/s:

1. Die Stadt Warna liegt am ___chwarzen Meer.

2. Afrika wird oft „der ___chwarze Erdteil" genannt.

3   Den ___chwarzen Anzug anziehen.

4. Wir trinken ___chwarzen Tee.

Ergänze G/g:

5. In den ___roßen Ferien verreisen.

6. Das Sternbild der ___roße Bär ist gut zu erkennen.

7. Die ___roße Pause beginnt um 9.30 Uhr.

8. Kaiser Karl der ___roße.

Ergänze Z/z:

9. Im ___weiten Stock wohnen.

10. Die ___weite Stimme singen.

11. Das ___weite Deutsche Fernsehen.

12. Ein Auto aus ___weiter Hand kaufen.

Übung 5

Schreib die im folgenden Text unterstrichenen Wörter in die unten vorbereitete Liste. (Beachte dabei die Regel 2.1.)

1 Die Beamten einer Funkstreife waren von einer Rentnerin zu Hilfe gerufen
2 worden. Sie hatte im Lichtschacht vor ihrem Kellerfenster eine 60
3 Zentimeter <u>lange,</u> <u>gefährliche</u> Schlange entdeckt. Die Polizisten waren
4 <u>unschlüssig.</u> Ein 13<u>jähriges</u> Mädchen, die Tochter von <u>Bekannten</u> aus der
5 Nachbarschaft, half jedoch den Polizisten. Es handele sich um eine
6 <u>harmlose</u> und sehr <u>seltene</u> Bändernatter, erklärte die <u>Kleine</u> den Beamten
7 und stopfte die Schlange in ein Einmachglas. – Der Zoodirektor bestätigte
8 später, daß das Mädchen das <u>Richtige</u> getan hatte.

Eigenschaftswörter/Adjektive	Eigenschaftswörter, die als Haupt-wörter/Nomen verwendet werden:

Übung 6

Untersuche, ob die Wörter, die in Großbuchstaben gedruckt sind, Hauptwörter oder Eigenschaftswörter sind und ob sie mit großem oder kleinem Anfangsbuchstaben geschrieben werden müssen.
Schreib sie hinter den Satz. (Beachte die Regel 2.1.)

1. Das JUGENDLICHE Aussehen der Schauspielerin. ⸺⸺⸺⸺

   Für JUGENDLICHE verboten. ⸺⸺⸺⸺

2. Das ist mein voller ERNST. ⸺⸺⸺⸺

   Sein Gesicht blieb ERNST. ⸺⸺⸺⸺

3. Er erzählte voller STOLZ von seinem Erfolg. ⸺⸺⸺⸺

   Er war sehr STOLZ auf seinen Erfolg. ⸺⸺⸺⸺

4. Die REICHEN und die Armen. ⸺⸺⸺⸺

   Einen REICHEN Onkel in Amerika haben. ⸺⸺⸺⸺

5. Das ist eine IDEALE Wohnung für mich. ⸺⸺⸺⸺

   Er hat keine IDEALE mehr. ⸺⸺⸺⸺

6. Kein LAUT war mehr zu hören. ⸺⸺⸺⸺

   Die Straße ist tagsüber sehr LAUT. ⸺⸺⸺⸺

7. Wer ist der große UNBEKANNTE? ⸺⸺⸺⸺

   Der UNBEKANNTE Retter. ⸺⸺⸺⸺

8. Die RECHTE Hand. ⸺⸺⸺⸺

   Alle RECHTE vorbehalten. ⸺⸺⸺⸺

Übung 7

Untersuche, ob die Wörter mit fehlendem Anfangsbuchstaben Hauptwörter oder Eigenschaftswörter sind.
Ergänze die fehlenden Buchstaben. (Beachte die Regel 2.1.)

Ergänze K/k:

1. Herr Müller ist ⸺rank geworden.

2. Einen ⸺ranken im Krankenhaus besuchen.

3. Dem ⸺ranken geht es wieder besser.

4. Hilfe für die hungernden und ⸺ranken Kinder.

Ergänze G/g:

5. Das __ute tun.
6. Alles zum __uten wenden.
7. Einen __uten Morgen wünschen.
8. „Mir geht es __ut!"

Ergänze F/f:

9. Sich in einer __remden Stadt aufhalten.
10. In der __remde sein.
11. Sein Gesicht ist mir __remd.
12. Ein __remder steht vor der Tür.

Übung 8

Unterstreiche im folgenden Text die Grundformen/Infinitive – auch die als Hauptwörter verwendeten.
Sortiere sie in die Liste. (Beachte dabei die Regel 2.1.)

1 Wer das Jugendschwimmabzeichen in Gold haben will, muß 600 Meter in
2 24 Minuten schwimmen, die 50-Meter-Bruststrecke in 70 Sekunden
3 bewältigen, 25 Meter Kraulschwimmen und 50 Meter Rückenkraul zeigen.
4 Außerdem muß man 15 Meter Streckentauchen vorführen, dreimal tief
5 tauchen, das Springen vom Dreimeterbrett sowie 50 Meter Transport-
6 schwimmen im Ziehen oder Schieben beherrschen.

Grundformen/Infinitive, die als Hauptwörter/Nomen groß geschrieben werden:	Sonstige Grundformen/Infinitive:

Übung 9

Ergänze die Sätze. (Beachte dabei die Regel 2.1.)

BADEN VERBOTEN

1. In diesem See ist das _____ verboten.
2. Hier ist es verboten zu _____.

BETRETEN DES RASENS VERBOTEN

3. Das _____ des Rasens ist verboten.
4. Man soll den Rasen nicht _____.

RAUCHEN VERBOTEN

5. Hier darf man nicht _____.
6. Hier ist das _____ verboten.

PARKEN VERBOTEN

7. Das _____ ist nicht erlaubt.
8. An dieser Stelle ist es verboten zu _____.

BONN

KÖLN

BITTE EINORDNEN

9. Die Autofahrer sollen sich in die richtige Spur _____.
10. Das rechtzeitige _____ ist notwendig.

BITTE ANSCHNALLEN

11. Die Fluggäste möchten sich _____.
12. Das _____ wird verlangt.

13

Übung 10

Unterstreiche die Umstandswörter/Adverbien, die im folgenden Text klein geschrieben und von Hauptwörtern abgeleitet sind. (Beachte die Regel 2.2.)

Blitzschlag

1 Zwei acht und fünfzehn Jahre alte Jungen sind am Mittwoch abend mitten
2 im Wald im oberfränkischen Landkreis Lichtenfels vom Blitz erschlagen
3 worden. Wie die Polizei heute morgen mitteilte, sollen die beiden kurz
4 zuvor unter Bäumen Schutz vor dem Unwetter gesucht haben.

Übung 11

Ergänze die Sätze. (Beachte dabei die Regel 2.2.)

Ergänze Morgen/morgen:

1. Ich komme dich _____ abend besuchen.

2. Wir fahren _____ früh los.

3. Früh am _____ schien schon die Sonne.

4. ,,Guten _____ !''

Ergänze Schaden/schade:

5. Es ist _____ , daß du nicht mitkommst.

6. Das finde ich _____ .

7. Einen großen _____ anrichten.

8. Der _____ geht in die Millionen.

Ergänze Schuld/schuld:

9. Er ist am Unfall _____ .

10. Die _____ frage klären.

11. Ich gebe ihm die _____ .

12. Seine _____ bekennen.

Ergänze Leid/leid:

13. Ich bin es _____ , noch länger zu warten.

14. Jemandem sein _____ klagen.

15. Das wird dir noch _____ tun.

16. In Freud und _____ zusammenhalten.

Übung 12

*Müssen die im folgenden Text groß gedruckten Wörter mit großem oder kleinem
Anfangsbuchstaben geschrieben werden?
Schreib Deine Lösung jeweils hinter die Zeile. (Beachte dabei die Regel 2.3.)*

1 Ein Wirtschaftsforschungsinstitut hat festgestellt, daß

2 Arbeiterinnen und weibliche Angestellte IM ALLGE-

3 MEINEN weniger qualifiziert sind als ihre männlichen _____

4 Kollegen, weniger verdienen und IM GROSSEN UND _____

5 GANZEN mehr Belastungen durch die Hausarbeit ha- _____

6 ben. Das gilt IM BESONDEREN für Witwen und _____

7 geschiedene Frauen.

8 IM FOLGENDEN einige Einzelheiten aus der Befragung _____

9 von 1 931 Arbeiterinnen und weiblichen Angestellten:

10 24,8% hatten keinen Schulabschluß, mit 59,2% hatten

11 DIE MEISTEN keine abgeschlossene Berufsausbildung. _____

12 52,8% hatten IM WESENTLICHEN ohne Unterbre- _____

13 chung seit ihrer Jugend gearbeitet. 23,7% würden sich

14 OHNE WEITERES mit einer Teilzeitbeschäftigung zu- _____

15 frieden geben. 96,9% wünschen sich VOR ALLEM das _____

16 Ausscheiden aus dem Berufsleben mit 55 Jahren, AM

17 BESTEN sogar noch früher. _____

Übung 13

*Unterstreiche die Eigenschaftswörter/Adjektive, die nach der Regel **3.1** groß geschrieben werden.*

Ich muß dir noch etwas
erzählen. . . .
Etwas Unangenehmes?
Ja. Wir haben einen neuen
Schüler in die Klasse
bekommen.
So . . .?
Er hält sich für etwas
Besseres, weil er aus der
Großstadt kommt. Der redet
nicht mit uns Mädchen . . .
Das ist nichts Besonderes,
die Jungen sind manchmal so . . .
Ja leider . . . Na dann . . .
Alles Gute, bis morgen.

Übung 14

*Ergänze die fehlenden Buchstaben. (Beachte dabei die Regel **3.1**.)*

Ergänze S/s:

1. Wir haben viel —chönes gesehen.
2. Viele —chöne Fotos.
3. Etwas —chönes träumen.

16

Ergänze B/b:

4. Das ist eine —esondere Gelegenheit.

5. Etwas ganz —esonderes schenken.

6. Sich nichts —esonderes dabei denken.

Ergänze G/g:

7. Wir wünschen Ihnen alles —ute.

8. Alle —uten Wünsche.

9. Etwas —utes zu essen bekommen.

Ergänze A/a:

10. Ein —ufregendes Buch lesen.

11. Etwas sehr —ufregendes lesen.

12. Es ist genug —ufregendes passiert.

Übung 15

Beispiel:
Der Tee aus China: der chinesische Tee. *(Beachte die Regel* **3.2.***)*

Ebenso:

1. Der Flughafen von Frankfurt: der _____

2. Die Flughäfen in Deutschland: die _____

3. Der Hafen von Hamburg: der _____

4. Das Marzipan aus Lübeck: das _____

5. Der Käse aus Holland: der_____

6. Der Käse aus der Schweiz: der _____

7. Der Wein aus Frankreich: der _____

8. Das Bier aus Dortmund: das _____

9. Der Schinken aus Westfalen: der _____

10. Die Alpen in Österreich: die_____

Übung 16

Unterstreiche die groß geschriebenen Fürwörter/Pronomen.
(Beachte dabei die Regel 4.)

1 Liebe Sabine!
2 Bald sind wieder Herbstferien. Opa und
3 ich laden Dich und Deinen Bruder ein,
4 zu uns zu kommen. Hoffentlich habt
5 Ihr beide noch nichts anderes vor.
6 Viele herzliche Grüße
7 von Deiner
8 Oma.

9 Liebe Oma!
10 Für Deine Einladung danke ich
11 Dir ganz herzlich. Peter und ich
12 kommen in den Herbstferien sehr
13 gern zu Euch. Hoffentlich geht es
14 Dir und Opa gut.
15 Bis dann!
16 Deine Sabine

Übung 17

In den beiden Briefen sind einige Fehler: es wurde nicht die Regel 4 beachtet.
Verbessere die Fehler.

1 Sehr geehrte Herren!

2 Bei Freunden habe ich kürzlich einige interessante Bücher aus ihrer

3 Buchgemeinschaft gesehen. Würden sie mir bitte eine Liste ihres gesamten

4 Bücherangebots zusenden? Ich sende sie ihnen mit meiner Bestellung

5 zurück.

6 Ich danke ihnen im voraus für ihre Bemühungen.

7 Sehr geehrter Herr Hartmann,

8 wir danken ihnen hiermit bestens für ihre Anfrage und senden ihnen eine

9 ausführliche Liste unseres Bücherangebots zu. Sie brauchen sie nicht

10 zurückzusenden. Wir weisen sie auf unsere preiswerten Sonderausgaben

11 hin. Außerdem machen wir sie darauf aufmerksam, daß sie mit ihrem

12 Beitritt zu unserer Buchgemeinschaft keine Kaufverpflichtungen überneh-

13 men.

Übung 18

Entscheide, ob die Wörter groß oder klein geschrieben werden.
(Wende dabei die Regeln 1–4 an.)

Erlebnisse mit Tieren

1.

1 An einem *(S/s)ommermorgen* rief mein Vater mich. Er zeigte mir einen

2 kleinen Igel, der eine große Bißwunde an der *(U/u)nterseite* hatte. Das

3 *(A/a)rme* Tier hatte *(S/s)icher* schon stark gelitten, denn die *(W/w)unde* sah

4 *(G/g)efährlich* aus und blutete *(U/u)naufhörlich*. Ich holte einen kleinen

5 Teller mit Milch und überlegte, von *(W/w)em* das Tier gebissen worden

6 sein könnte. Als ich meinen Vater *(D/d)anach* fragte, sagte er: ,,Weißt

7 *(D/d)u, (G/g)estern* hatten wir *(B/b)esuch.* Der Lumpi wird es gewesen
8 sein.''

9 Vor Lumpi war *(N/n)ichts* sicher. Er wühlte das Gartenland um und holte
10 *(W/w)urzeln* und Radieschen aus der Erde. In seinem *(Ü/ü)bermut* hatte er
11 *(W/w)ohl* den Igel gebissen.

12 Ich holte Glyzerincreme und *(P/p)uder* für den kleinen Igel, dem das
13 *(E/e)incremen* und *(P/p)udern* sichtliche *(L/l)inderung* brachte. Er sah uns
14 *(D/d)ankbar* mit großen Augen an. Auch begann er nun, Milch zu
15 *(T/t)rinken.* Ich war *(Z/z)uversichtlich* und meinte, er werde wieder
16 *(G/g)esund.* Doch mein Vater glaubte es nicht, die *(W/w)unde* war zu tief.
17 Wirklich, am nächsten *(M/m)orgen* fanden wir das *(H/h)ilflose* Tier *(T/t)ot*
18 auf.

(Von einer Schülerin.)

2.

1 Ich war in diesen *(F/f)erien* mit meinen Eltern auf der *(N/n)ordseeinsel*
2 Spiekeroog. Dort wanderten wir, als das Wetter *(G/g)ünstig* war, auf dem
3 sich weit nach *(O/o)sten* erstreckenden Sandgebiet. Wie wir auf einer
4 flachen Dünenkette *(R/r)ast* machten, entdeckte ich in der *(F/f)erne* eine
5 Kiste. Ich lief dorthin. Plötzlich *(F/f)log* vor mir eine große Möwe auf. Als
6 ich an der *(S/s)telle* ankam, sah ich eine *(J/j)unge* Möwe im Sand. Ich wollte
7 zu meinem Vater zurück, um es ihm zu *(E/e)rzählen,* als die Mutter der
8 kleinen Möwe mehrere *(M/m)ale* im Sturzflug auf mich zukam und einen
9 Meter über meinem Kopf dahinschoß. Ich war sehr erschrocken und dann
10 froh, als die Möwe *(E/e)ndlich* wegflog. Sie wollte mich *(O/o)ffensichtlich*
11 verscheuchen, um ihr *(J/j)unges* zu schützen.

(Von einem Schüler.)

Übung 19

Große Firmen und Zeitungsverlage bekommen viele Nachrichten über Fernschrei-
ber. In einem „Telex" ist alles klein geschrieben. Die Sekretärin muß die Texte
abschreiben und die Groß- und Kleinschreibung wieder einfügen.
Verfahre ebenso bei den folgenden Texten. (Beachte dabei die Regeln 1–4.)

1.

1 rekordpreis

2 der bisher hoechste preis fuer eine briefmarke ist am

3 samstag auf einer versteigerung in genf mit umgerechnet

4 rund 2,2 millionen dm fuer die amerikanische ''blaue

5 alexandria'' im wert von fuenf cent erzielt worden.

2.

1 fortschritte bei münchener herzpatient

2 der 37jährige münchener kaufmann ernst z., dem am 7. mai im herzzentrum

3 der bayerischen landeshauptstadt das herz eines 24jährigen unfallopfers

4 eingepflanzt worden war, macht eine woche nach der operation weitere

5 gesundheitliche fortschritte. ein sprecher teilte am freitag früh mit, der

6 zustand des kranken sei befriedigend.

3.

1 anhalter niedergeschlagen und beraubt

2 ein 19jähriger engländer, paul j., hatte am sonntag hinter cherbourg in

3 frankreich einen wagen angehalten und war von drei jungen leuten

4 mitgenommen worden. auf freier strecke wurde der engländer zusammen-

5 geschlagen und aus dem fahrenden auto gestoßen. die autofahrer entkamen

6 mit dem gepäck ihres opfers, mit seinen papieren und seiner brieftasche,

7 die umgerechnet etwa 2000 dm enthielt.

4.

1 **nicht ernst genommen**

2 an einen scherz eines guten bekannten glaubte anfangs ein sparkassenleiter

3 im kreis fulda, als am donnerstag nachmittag ein bewaffneter und

4 maskierter mann vor seinem schalter auftauchte und die herausgabe des

5 geldes verlangte. er lachte nur und meinte: „mach doch keinen unsinn.''

6 der maskierte sagte jedoch von neuem: „dies ist ein echter überfall.'' erst

7 als der eindringling beim erscheinen einer angestellten mit dem auto

8 flüchtete, dämmerte dem leiter, daß der überfall alles andere als ein scherz

9 war. sein bekannter besaß nämlich keinen eigenen wagen. die polizei

10 immerhin nahm den verhinderten bankräuber durchaus ernst – und wenig

11 später fest.

5.

1 **kutschfahrt mit hindernissen**

2 mit allerlei hindernissen war die kutschfahrt eines düsseldorfer brautpaa-

3 res zur trauung gepflastert. erst stieß die kutsche auf dem weg zur kirche

4 frontal mit einem lastwagen zusammen – die deichsel durchstieß die

5 windschutzscheibe des lasters. anschließend konnte der kutscher die

6 erregten pferde nicht mehr bändigen. sein fuhrwerk rammte drei parkende

7 autos. der kutscher kam leicht verletzt in ein krankenhaus, die ebenfalls

8 angeschlagenen pferde wurden in eine tierklinik transportiert. das braut-

9 paar blieb unversehrt zurück und zog die konsequenzen. es ging zu fuß zur

10 trauung.

6.

1 **jedes zweite auto mit radio**

2 unterhaltung und information beim autofahren sind in westeuropa schon

3 fast eine selbstverständlichkeit. eine jetzt in london vorgelegte untersu-

4 chung zeigt, daß jeder zweite wagen mit einem radio ausgerüstet ist. die

5 deutschen scheinen besonders viel spaß am autoradio zu haben. sie liegen

6 weit an der spitze: acht von zehn autos mit einem nummernschild der

7 bundesrepublik haben eins.

Übung 20

Auch im folgenden Text ist alles klein geschrieben. Streich die kleinen Buchstaben,
die falsch sind, an. Schreib die Großbuchstaben darüber.
(Beachte dabei die Regeln 1–4.)

1 carl benz berichtet von seiner
2 ersten ausfahrt mit dem von
3 ihm erfundenen automobil
4 (1885):
5 töff, töff, töff! die menschen
6 horchten auf, blieben auf der
7 straße stehen, staunen und
8 schauen. wie, geht's mit rech-
9 ten dingen zu? wie ein wunder
10 pufft der wagen die straße ent-
11 lang. stolz wie ein könig steuert der lenker. stolz wie ein könig grüßt er vom
12 sitze herunter zu den staunenden menschen.
13 auf einmal aber kommt das verhängnis – die erste „panne". langsamer geht
14 der wagen, und jetzt? regungslos bleibt er stehen. die menschen sammeln
15 sich an, lächeln und lachen. das staunen und bewundern schlägt um in
16 mitleid, spott und hohn. „eine spielerei, die nichts ist und nichts wird",
17 meinen einige. „wie kann man sich in einen so unzuverlässigen, armseli-
18 gen, laut lärmenden maschinenkasten setzen, wo es doch genug pferde gibt
19 auf der welt und die feinsten kutschen und droschken obendrein", sagen
20 andere. „es ist schade um den mann", meinen die ‚sachverständigeren‘, „er
21 wird sich und sein geschäft zugrunde richten mit dieser verrückten
22 idee."
23 das war die antwort der öffentlichkeit auf all das stille ringen und schaffen
24 von jahrzehnten – eine glatte ablehnung. mochten aber auch alle verneinen
25 und ablehnen – ich blieb fest. den mutigen glauben an die zukunft
26 vermochte mir keiner zu rauben. es gab auf der welt nur einen menschen,
27 der ebenso mutig glaubte und hoffte wie ich – meine frau. sie war meine

28 treue helferin. sie war nötig, wenn der wagen losfuhr, der motor in gang

29 gesetzt wurde, und manchmal war sie noch nötiger zum heimfahren, das

30 anfänglich gern in ein „heimschieben" ausartete. es war, als ob der wagen

31 bei jeder neuen ausfahrt dem erfinder ein neues schnippchen schlagen

32 wollte. wo immer ein tückischer fehler sein unwesen trieb, ich ruhte nicht,

33 bis er entdeckt und ausgemerzt war. mehr und mehr häuften sich die fälle,

34 wo die rückfahrt auch in automobiler weise erfolgte, ohne mithilfe von

35 schiebenden menschen oder ziehenden pferden und kühen.

Übung 21

Streich die kleinen Buchstaben, die falsch sind, an. Schreib die Großbuchstaben darüber.
(Beachte dabei die Regeln 1–4.)

1 **rettung aus dem eis der havel**

2 das war eine echte heldentat! unter einsatz seines eigenen lebens rettete

3 gestern nachmittag der 43jährige lehrer hans jonas einen jungen berliner

4 aus dem eis der havel.

5 der 31jährige student benno b. wollte über das eis der unterhavel laufen.

6 etwa 200 meter vor dem anderen ufer gab die eisdecke plötzlich nach. der

7 31jährige brach ein. gellend schallten seine hilferufe über die havel.

8 der lehrer hans jonas ging mit seinem hund spazieren, als er plötzlich die

9 verzweifelten schreie hörte und sah, was geschehen war. zahlreiche

10 passanten fanden sich am ufer ein. „holt die feuerwehr und die polizei",

11 rief ihnen der lehrer zu. und dann fragte er: „wer kommt mit?" kein

12 einziger hatte den mut. „wenn einer im wasser liegt, dann reicht das wohl",

13 meinte einer der zuschauer.

14 hans jonas riß seinen mantel und seinen schal herunter. er lief allein zu dem

15 ertrinkenden. bis auf zehn meter kam er an ihn heran. der student

16 klammerte sich verzweifelt an die immer wieder abbrechende eisdecke.

17 hans jonas versuchte, den verzweifelten zu beruhigen.

18 jetzt kam ein zweiter junger mann zu hilfe. ein polizeiwachtmeister warf
19 den beiden ein seil zu. jonas fing es und schleuderte es dem ertrinkenden
20 zu. beim dritten versuch packte der student zu.
21 der lehrer, sein helfer und ein fünf meter hinter ihnen stehender polizist
22 zogen mit allen kräften. aber immer wieder brach das eis ein. die kräfte des
23 31jährigen erlahmten. „ich kann nicht mehr, ich lasse los'', stieß er hervor.
24 da faßte hans jonas einen verzweifelten entschluß. mit einem großen satz
25 sprang er in das eisloch und packte den ertrinkenden. dann griff er erneut
26 das seil und ließ sich mit dem völlig entkräfteten bis zur festen eisdecke
27 ziehen.
28 als die feuerwehr eintraf, waren beide schon in sicherheit, dank des
29 mutigen einsatzes des lehrers.

Weitere Regeln für die Groß- und Kleinschreibung

Regel 5: Klein schreibt man nach einem Ausrufezeichen oder Fragezeichen, wenn nach der direkten Rede der Sprecher genannt wird. (Ergänzung zur Regel 1.)

Der Vater fragte seinen Sohn: „Was willst du eigentlich werden?" „Das weiß ich nicht," meinte der Sohn.
„Aber irgendwelche Interessen wirst du doch haben!" sagte der Vater.
„Meine Interessen?" fragte der Sohn. „Ganz einfach: Autofahren und die Taschen voll Geld haben!"
„Na prima!" freute sich der Vater. „Dann wirst du Autobusschaffner!"

Regel 6: Klein schreibt man nach einem Doppelpunkt, wenn eine Zusammenfassung oder Aufzählung folgt. (Ergänzung zur Regel 1.)

Die Aktiven und die Zuschauer: alle waren zufrieden.
Zum Geburtstag hat er viele Geschenke bekommen: einen Fußball, einen Trainingsanzug und Turnschuhe.

Regel 7: Das erste Wort einer Überschrift oder eines Titels schreibt man groß.

Die Zeitschrift „Der Spiegel" erscheint wöchentlich.
Der Roman „Vom Winde verweht" ist verfilmt worden.

Regel 8: Das erste Wort eines zitierten Satzes schreibt man groß.

Er konnte nur immer „Ich weiß nicht" sagen.
Das Sprichwort „Wer zuletzt lacht, lacht am besten" kam mir in den Sinn.

Lösungsbogen

Die vorn stehende Zahl gibt den Satz oder die Zeile an, die hinten stehende die Regel.

Übung 1

Am Satzanfang:
1 Die
2 Das
3 Die
4 Die
Namen:
1 Elsa
1 Moro
2 Paris
3 Moros
Hauptwörter:
1 Löwin
1 Mietwohnung
1 Familie
2 Zoo
2 Freitag
3 Richter
3 Antrag
3 Vermieters
3 Kilo
4 Raubkatze
4 Dezember
4 Wohnung
5 Kindern
5 Hunden
5 Katzen
5 Eule

Übung 2

Eigenschaftswörter:
vertrauensvoll
menschlich
gerecht
liebenswürdig
großzügig
rücksichtsvoll
humorlos
unhöflich
humorvoll
Hauptwörter:
das Vertrauen
die Menschlichkeit
die Gerechtigkeit
die Liebenswürdigkeit
die Großzügigkeit
die Rücksicht
die Humorlosigkeit
die Unhöflichkeit
der Humor

Übung 3

Unterstrichen:
1 Technische
6 Neuere

Übung 4

1. Schwarzen Meer 2
2. Schwarze Erdteil 2
3. schwarzen Anzug
4. schwarzen Tee
5. große Ferien
6. Große Bär 2
7. große Pause
8. Karl der Große 2
9. zweiten Stock
10. zweite Stimme
11. Zweite Deutsche
    Fernsehen 2
12. zweiter Hand

Übung 5

Eigenschaftswörter:
3 lange
3 gefährliche
4 unschlüssig

4 13jähriges
6 harmlose
6 seltene
Eigenschaftswörter, die
als Hauptwörter ver-
wendet werden:
4 Bekannten 2.1
6 Kleine 2.1
8 Richtige 2.1

Übung 6

1. jugendliche
   Jugendliche
2. Ernst
   ernst
3. Stolz
   stolz
4. Reichen
   reichen
5. ideale
   Ideale
6. Laut
   laut
7. Unbekannte
   unbekannte
8. rechte
   Rechte

Übung 7

1. krank
2. Kranken 2.1
3. Kranken 2.1
4. kranken
5. Gute 2.1
6. Guten 2.1
7. guten
8. gut
9. fremden

10. Fremde 2.1
11. fremd
12. Fremder 2.1

Übung 8

Grundformen, die als Hauptwörter groß geschrieben werden:

3 Kraulschwimmen 2.1
4 Streckentauchen 2.1
5 Springen 2.1
5 Transportschwimmen 2.1
6 Ziehen 2.1
6 Schieben 2.1

Sonstige Grundformen:

1 haben
2 schwimmen
3 bewältigen
3 zeigen
4 vorführen
5 tauchen
6 beherrschen

Übung 9

1. Baden 2.1
2. baden
3. Betreten 2.1
4. betreten
5. rauchen
6. Rauchen 2.1
7. Parken 2.1
8. parken
9. einordnen
10. Einordnen 2.1
11. anschnallen
12. Anschnallen 2.1

Übung 10

1 abend 2.2
1 mitten 2.2
3 morgen 2.2

Übung 11

1. morgen 2.2
2. morgen 2.2
3. Morgen
4. Morgen
5. schade 2.2
6. schade 2.2
7. Schaden
8. Schaden
9. schuld 2.2
10. Schuldfrage
11. Schuld
12. Schuld
13. leid 2.2
14. Leid
15. leid 2.2
16. Leid

Übung 12

2 im allgemeinen
4 im großen und ganzen
6 im besonderen
8 Im folgenden 1 *und* 2.3
11 die meisten
12 im wesentlichen
14 ohne weiteres
15 vor allem
17 am besten

Übung 13

etwas Unangenehmes 3.1
etwas Besseres 3.1
nichts Besonderes 3.1
alles Gute 3.1

Übung 14

1. viel Schönes 3.1
2. schöne
3. etwas Schönes 3.1
4. besondere

5. etwas Besonderes 3.1
6. nichts Besonderes 3.1
7. alles Gute 3.1
8. guten
9. etwas Gutes 3.1
10. aufregendes
11. etwas Aufregendes 3.1
12. genug Aufregendes 3.1

Übung 15

1. der Frankfurter Flughafen 3.2
2. die deutschen Flughäfen
3. der Hamburger Hafen 3.2
4. das Lübecker Marzipan
5. der holländische Käse
6. der Schweizer Käse 3.2
7. der französische Wein
8. das Dortmunder Bier 3.2
9. der westfälische Schinken
10. die österreichischen Alpen

Übung 16

3 Dich 4
3 Deinen 4
5 Ihr 4
7 Deiner 4
10 Deine 4
11 Dir 4
13 Euch 4
14 Dir 4
16 Deine 4

Übung 17

2 Ihrer 4
3 Sie 4
3 Ihres 4
4 sie
4 Ihnen 4
6 Ihnen 4
6 Ihre 4
8 Ihnen 4
8 Ihre 4
8 Ihnen 4
9 Sie 4, sie
10 Sie 4
11 Sie 4
11 Sie 4
11 Ihrem 4

Übung 18

1 Sommermorgen 2
2 Unterseite 2
3 arme
3 sicher
3 Wunde 2
4 gefährlich
4 unaufhörlich
5 wem
6 danach
7 du
7 gestern
7 Besuch 2
9 nichts
10 Wurzeln 2
10 Übermut 2
11 wohl
12 Puder 2
13 Eincremen 2.1
13 Pudern 2.1
13 Linderung 2
14 dankbar
15 trinken
15 zuversichtlich
16 gesund
16 Wunde 2
17 Morgen 2
17 hilflose
17 tot

2.

1 Ferien 2
1 Nordseeinsel 2
2 günstig
3 Osten 2
4 Rast 2
4 Ferne 2
5 flog
6 Stelle 2
6 junge
7 erzählen
8 Male 2
10 endlich
10 offensichtlich
11 Junges 2.1

Übung 19

1.

1 Rekordpreis 1/2
2 Der 1
2 Preis 2
2 Briefmarke 2
2 Samstag 2
3 Versteigerung 3
3 Genf 2
3 Millionen 2
3 DM 2
4 Blaue 2 (Zusatz)
4 Alexandria 2
4 Wert 2
4 Cent 2

2.

1 Fortschritte 1/2
1 Münchener 3.2
1 Herzpatient 2
2 Der 1
2 Münchener 3.2
2 Kaufmann 2
2 Ernst 2
2 Z. 2
2 Mai 2
2 Herzzentrum 2
3 Landeshauptstadt 2
3 Herz 2

3 Unfallopfers 2
4 Woche 2
4 Operation 2
5 Fortschritte 2
5 Ein 1
5 Sprecher 2
5 Freitag 2
6 Zustand 2
6 Kranken 2.1

3.

1 Anhalter 1/2
2 Ein 1
2 Engländer 2
2 Paul 2
2 J. 2
2 Sonntag 2
2 Cherbourg 2
3 Frankreich 2
3 Wagen 2
3 Leuten 2
4 Auf 1
4 Strecke 2
4 Engländer 2
5 Auto 2
5 Die 1
5 Autofahrer 2
6 Gepäck 2
6 Opfers 2
6 Papieres 2
6 Brieftasche 2
7 DM 2

4.

1 Nicht 1
2 An 1
2 Scherz 2
2 Bekannten 2.1
2 Sparkassenleiter 2
3 Kreis 2
3 Fulda 2
3 Donnerstag 2
4 Mann 2
4 Schalter 2
4 Herausgabe 2
5 Geldes 2

5 Er 1
5 Mach 1
5 Unsinn 2
6 Der 1
6 Maskierte 2.1
6 Dies 1
6 Überfall 2
6 Erst 1
7 Eindringling 2
7 Erscheinen 2.1
7 Angestellten 2.1
7 Auto 2
8 Leiter 2
8 Überfall 2
8 Scherz 2
9 Sein 1
9 Bekannter 2.1
9 Wagen 2
9 Die 1
9 Polizei 2
10 Bankräuber 2

5.

1 Kutschfahrt 1/2
1 Hindernissen 2
2 Mit 1
2 Hindernissen 2
2 Kutschfahrt 2
2 Düsseldorfer 3.2
3 Brautpaares 2
3 Trauung 2
3 Erst 1
3 Kutsche 2
3 Weg 2
3 Kirche 2
4 Lastwagen 2
4 Deichsel 2
5 Windschutz-
  scheibe 2
5 Lasters 2
5 Anschließend 1
5 Kutscher 2
6 Pferde 2
6 Sein 1
6 Fuhrwerk 2
7 Autos 2

7 Der 1
7 Kutscher 2
7 Krankenhaus 2
8 Pferde 2
8 Tierklinik 2
8 Das 1
8 Brautpaar 2
9 Konsequenzen 2
9 Es 1
9 Fuß 2
10 Trauung 2

6.

1 Jedes 1
1 Auto 2
1 Radio 2
2 Unterhaltung 1/2
2 Information 2
2 Autofahren 2.1
2 Westeuropa 2
3 Selbstverständ-
  lichkeit 2
3 Eine 1
3 London 2
3 Untersuchung 2
4 Wagen 2
4 Radio 2
4 Die 1
5 Deutschen 2.1
5 Spaß 2
5 Autoradio 2
5 Sie 1
6 Spitze 2
6 Autos 2
6 Nummernschild 2
7 Bundesrepublik 2

Übung 20

1 Carl 1/2
1 Benz 2
2 Ausfahrt 2
3 Automobil 2
5 Töff 1
5 Die 1
5 Menschen 2
7 Straße 2

8 Wie 1
9 Dingen 2
9 Wie 1
9 Wunder 2
10 Wagen 2
10 Straße 2
11 Stolz 1
11 König 2
11 Lenker 2
11 Stolz 1
11 König 2
12 Sitze 2
12 Menschen 2
13 Auf 1
13 Verhängnis 2
13 Panne 2
13 Langsamer 1
14 Wagen 2
14 Regungslos 1
14 Die 1
14 Menschen 2
15 Das 1
15 Staunen 2.1
15 Bewundern 2.1
16 Mitleid 2
16 Spott 2
16 Hohn 2
16 Eine 1
16 Spielerei 2
17 Wie 1
18 Maschinenkasten 2
18 Pferde 2
19 Welt 2
19 Kutschen 2
19 Droschken 2
20 Es 1
20 Mann 2
20 Sachverständige-
   ren 2
21 Geschäft 2
22 Idee 2
23 Das 1
23 Antwort 2
23 Öffentlichkeit 2
23 Ringen 2.1

23 Schaffen 2.1
24 Jahrzehnten 2
24 Ablehnung 2
24 Mochten 1
25 Den 1
25 Glauben 2
25 Zukunft 2
26 Es 1
26 Welt 2
26 Menschen 2
27 Frau 2
27 Sie 1
28 Helferin 2
28 Sie 1
28 Wagen 2
28 Motor 2
28 Gang 2
29 Heimfahren 2.1
30 Heimschieben 2.1
30 Es 1
30 Wagen 2
31 Ausfahrt 2
31 Erfinder 2
31 Schnippchen 2
32 Wo 1
32 Fehler 2
32 Unwesen 2
33 Mehr 1
33 Fälle 2
34 Rückfahrt 2
34 Weise 2
34 Mithilfe 2
35 Menschen 2
35 Pferden 2
35 Kühen 2

Übung 21

1 Rettung 1/2
1 Eis 2
1 Havel 2 (*Fluß in Berlin*)
2 Das 1
2 Heldentat 2
2 Unter 1
2 Einsatz 2

2 Lebens 2
3 Lehrer 2
3 Hans Jonas 2
3 Berliner 2.1
4 Eis 2
4 Havel 2
5 Der 1
5 Student 2
5 Benno B. 2
5 Eis 2
5 Unterhavel 2
6 Etwa 1
6 Meter 2
6 Ufer 2
6 Eisdecke 2
6 Der 1
7 Gellend 1
7 Hilferufe 2
7 Havel 2
8 Der 1
8 Lehrer 2
8 Hans Jonas 2
8 Hund 2
9 Schreie 2
9 Zahlreiche 1
10 Passanten 2
10 Ufer 2
10 Holt 1
10 Feuerwehr 2
10 Polizei 2
11 Lehrer 2
11 Und 1
11 Wer 1
11 Kein 1
12 Mut 2
12 Wenn 1
12 Wasser 2
13 Zuschauer 2
14 Hans 1/2
14 Jonas 2
14 Mantel 2
14 Schal 2
14 Er 1
15 Ertrinkenden 2.1
15 Bis 1

15 Meter 2
15 Der 1
15 Student 2
16 Eisdecke 2
17 Hans 1/2
17 Jonas 2
17 Verzweifelten 2.1
18 Jetzt 1
18 Mann 2
18 Hilfe 2
18 Ein 1
18 Polizeiwacht-
   meister 2
19 Seil 2
19 Jonas 1/2
19 Ertrinkenden 2.1
20 Beim 1
20 Versuch 2
20 Student 2
21 Der 1
21 Lehrer 2
21 Helfer 2
21 Meter 2
21 Polizist 2
22 Kräften 2
22 Aber 1
22 Eis 2
22 Die 1
22 Kräfte 2
23 Ich 1
24 Da 1
24 Hans Jonas 2
24 Entschluß 2
24 Mit 1
24 Satz 2
25 Eisloch 2
25 Ertrinkenden 2.1
25 Dann 1
26 Seil 2
26 Entkräfteten 2.1
26 Eisdecke 2
28 Als 1
28 Feuerwehr 2
28 Sicherheit 2
29 Einsatzes 2
29 Lehrers 2

In dieser Reihe sind außerdem erschienen:

Kommaregeln – Lernen und Üben
MD-Nr. 1272

Schreibung der Konsonanten – Lernen und Üben
MD-Nr. 1273

Schreibung der Vokale – Lernen und Üben
MD-Nr. 1274

Schreibung von S und Z – Lernen und Üben
MD-Nr. 1276

Rechtschreibung – Lernen und Üben
2000 deutsche Wörter und geläufige Fremdwörter
MD-Nr. 1277